THÉÂTRE DU VAUDEVILLE.

LE CHAPEAU GRIS

OU LES OBSTACLES,

COMÉDIE-VAUDEVILLE EN UN ACTE,

De MM. ALEXIS DECOMBEROUSSE et ÉDOUARD BRISEBARRE,

Représentée pour la première fois, à Paris, sur le théâtre du VAUDEVILLE,
le 15 Juillet 1847.

Prix : 50 centimes.

PARIS,
BECK, EDITEUR,
RUE GIT-LE-CŒUR, 12.
TRESSE, successeur de J.-N. BARBA, Palais-Royal.

1847.

THÉÂTRE DU VAUDEVILLE.

LE CHAPEAU GRIS

OU LES OBSTACLES,

COMÉDIE-VAUDEVILLE EN UN ACTE,

De MM. ALEXIS DECOMBEROUSSE et ÉDOUARD BRISEBARRE,

Représentée pour la première fois, à Paris, sur le théâtre du VAUDEVILLE, le 15 juillet 1847.

Prix : 50 centimes.

PARIS,

BECK, ÉDITEUR,

RUE GIT-LE-COEUR, 12,
TRESSE, successeur de J.-N. Barba, Palais-Royal.

1847.

LE CHAPEAU GRIS

ou

LES OBSTACLES,

COMÉDIE-VAUDEVILLE EN UN ACTE.

DE MM. ALEXIS DECOMBEROUSSE ET ÉDOUARD BRISEBARRE,

Représentée pour la première fois, à Paris, sur le théâtre du VAUDEVILLE, le 15 Juillet 1847.

PERSONNAGES.	ACTEURS.
MAURICE DE CHAMPAGNAC....................................	MM. FÉLIX.
D'ERIGNY, lieutenant au régiment d'Auvergne...............	PIERRON.
LOUISE DE FONTANIL...	Mlles CATHERINE LOYO.
MARGUERITE, sa cousine.......................................	CAROLINE BADER.
SAGET, jardinier...	M. LÉONCE.

La scène se passe à Coulommiers, chez Louise de Fontanil.

Le théâtre représente un salon. — A droite, premier plan, une fenêtre; parallèlement une cheminée. — Deuxième plan, portes à droite et à gauche; porte au fond. — Une table en face de la cheminée.

SCENE PREMIÈRE.

(*Au lever du rideau il fait nuit, un orage violent éclate, six heures sonnent; Louise sort avec précaution de sa chambre, située au deuxième plan, à droite. Elle est en costume du matin, et tient un flambeau dont elle cache la lumière avec sa main.*)

LOUISE, *écoutant sonner l'heure.*

Cinq et six. Six heures. c'est le moment. quel orage! Il ne sera peut-être pas venu. Voyons toujours. (*Ouvrant la croisée.*) Donnons le signal... (*Elle frappe dans ses mains trois coups qui se répètent au dehors.*) Il y est... c'est bien lui... (*On voit le bout d'une échelle que l'on applique à la fenêtre.*) Ah! l'échelle remue... je vais la soutenir. Attendez, vous pouvez vous tuer.

SCÈNE II.

LOUISE, CHAMPAGNAC.

(*Champagnac est ruisselant de pluie; il porte un chapeau gris avec une plume de couleur. Il grimpe à l'échelle, et saute dans l'appartement.*)

CHAMPAGNAC.

C'est vrai..... J'avais cette chance-là, chère Louise!

LOUISE.

Cher Maurice!..... Dieu! dans quel état vous êtes!

CHAMPAGNAC.

Je suis un peu mouillé, n'est-ce pas?

LOUISE.

Il fallait prendre un parapluie.

CHAMPAGNAC.

Moi, Maurice de Champagnac, dont le père commandait Royal-Dragon à Taillebourg!... Que me proposez-vous, Madame?.. Et qu'est-ce qu'une misérable averse, un déluge même! quand je suis auprès de vous... quand je me sens inondé... de bonheur!

LOUISE.

Mais voyez-donc... votre chapeau...

CHAMPAGNAC.

Oh! il a souffert... c'est la première fois que je le mets... Eh bien! c'est un baptême!

LOUISE.

La plume est toute abîmée.

CHAMPAGNAC.

Oui... elle a un peu déteint sur le feutre. (*Il le secoue et le pose sur la table.*) Voyez-vous, Louise, pour arriver jusqu'à vous, je voudrais avoir une mer de feu à traverser. Aujourd'hui ce n'était pas du feu... au contraire; mais ça tombait avec tant de furie!... que je me suis senti tout électrisé. A la bonne heure! me suis-je écrié, par un temps pareil, le pied, du moins, peut glisser... à escala-

der un mur ; à gravir une échelle on peut se casser la jambe !... on peut prouver qu'on aime !
LOUISE.
Imprudent !.. ne vous ai-je pas indiqué cet endroit où les pierres, un peu écroulées...
CHAMPAGNAC.
Moi, attendre une seconde, faire l'ombre d'un détour pour vous voir ?... allons donc ! Je triomphe d'un obstacle... et ne tourne pas.
LOUISE.
Vous m'aimez donc bien ?
CHAMPAGNAC.
Comme il y a trois ans..... comme au premier jour.
LOUISE.
Lorsque vous franchissiez l'enceinte du couvent, où je terminais mon éducation, pour venir tomber à mes pieds.
CHAMPAGNAC.
Je ne m'en suis pas encore relevé... (*Il s'incline.*)
LOUISE.
Oh ! c'eût été un peu fatigant. Mais bien loin de là, Monsieur, quinze jours après, tout-à-coup je cessai de vous voir.
CHAMPAGNAC.
Je crois bien ; en vous quittant je m'étais démis le pied droit.
LOUISE.
Oh ! mon Dieu ! pauvre Maurice !
CHAMPAGNAC.
Ne me plaignez pas. J'ai bien souffert !... mais je me disais : c'est pour elle ! A peine guéri... Je boitais encore... j'accours, je vous appelle... personne !
LOUISE.
Je venais de quitter le couvent.
CHAMPAGNAC.
Et moi... de tomber d'un mur deux fois plus élevé que le premier. Mais ce n'était rien encore. J'avais fait le serment de passer ma vie à vous chercher, de n'avoir jamais d'autre femme que vous ; et, lorsque le sort semble vous rendre à mon amour, lorsque je vous retrouve enfin ici, dans cette petite ville...
LOUISE.
Je suis la femme d'un autre.
CHAMPAGNAC.
Ah ! c'était à en perdre la raison !.. Et je l'ai perdue ! perdue !
LOUISE.
Ah ! ne m'accusez pas ! Maurice ; d'impérieux devoirs de famille, des nécessités de fortune..
CHAMPAGNAC.
Qu'est-ce que la famille ? la fortune ? quand on a un cœur... Mais je ne vous accablerai pas. Vous avez été assez punie, pauvre femme ! par cet époux... officier de marine, joueur, libertin et brutal, qui est parti pour... on ne sait où ? et qui reviendra... on ne sait quand !
LOUISE.
Peut-être jamais !
CHAMPAGNAC, *animé*.
Et il fera bien, le misérable !
LOUISE.
Plus bas, donc... si Marguerite, si ma petite cousine vous entendait... Je ne voudrais pas, pour tout au monde, que quelqu'un, dans cette petite ville, apprît que moi, Louise de Fontanil, qui passe pour demoiselle, je suis mariée... et que je reçois... la nuit, chez moi... un cavalier connu par son audace et sa témérité. On ne croirait jamais que c'est en tout bien tout honneur ; je serais perdue de réputation...
CHAMPAGNAC.
Morbleu ! si quelqu'un osait manquer au respect qui vous est dû !
LOUISE.
Taisez-vous donc... et songez-y bien. Si cela arrivait... je ne pourrais m'en prendre qu'à vous, et je ne vous reverrais de ma vie !
CHAMPAGNAC.
Oh ! ne dites pas cela, Madame ! Vous ne savez donc pas que j'ai besoin de vous voir tous les jours, toutes les heures, toutes les minutes... que ce besoin augmente, grandit sans cesse, et que demain, peut-être, il me sera impossible de m'en aller d'ici ?
LOUISE.
Imprudent !... c'est bien alors que je serais véritablement perdue !
CHAMPAGNAC.
Eh bien ! fuyons ensemble ; allons ailleurs... où nous vivrons ignorés, inconnus, heureux... Quittons la France, l'Europe même.

Air : *Vos jolis yeux bleus.*

Oui, sous d'autres cieux
Nous serons heureux,
Cédez à mes vœux,
O ma belle amie !
Ne vaut-il pas mieux
Sans peur, sans envie
Vivre en d'autres lieux,
Libres tous les deux !
En partageant ma douce ivresse,
Oui, vous verrez couler vos jours
Tissus et d'or et de tendresse...
Brodés par la main des amours !

REPRISE, ENSEMBLE.

Oui, sous d'autres cieux, etc.

LOUISE.

Quoi, sous d'autres cieux
Aller tous les deux
Vivre malheureux
Loin de la patrie !

A mes tendres vœux
Cédez, je vous prie,
Ne vaut-il pas mieux
Rester en ces lieux?

CHAMPAGNAC.
Quand partons-nous?
LOUISE.
Jamais!
CHAMPAGNAC.
Aimez-vous mieux que je me tue, Madame?
LOUISE.
Oh ciel! qu'osez-vous dire?
CHAMPAGNAC.
Quand partons-nous?
LOUISE.
Plus tard,.. nous verrons... je vous dirai...
CHAMPAGNAC.
Non, tout de suite...
LOUISE.
Eh bien !... demain... je vous donnerai ma réponse...
CHAMPAGNAC.
Je vais retenir deux places sur un navire, une chaloupe, une barque, une yole, une coquille de noix... qu'importe, pourvu que je vous enlève.
LOUISE.
Grand Dieu! du bruit..., on vient... c'est Marguerite, ma petite cousine, qui arrive de ce côté. Partez vite!
CHAMPAGNAC, se sauvant par la croisée.
A demain! (Il disparaît.)
LOUISE, se sauvant dans sa chambre.
Il n'y a plus à reculer; demain il saura que c'est impossible.
CHAMPAGNAC, passant sa tête à la fenêtre.
Louise! Louise! j'ai oublié mon chapeau.... passez-moi mon chapeau! c'est une bénédiction comme ça tombe encore. Louise! elle n'y est plus! Si je pouvais... oh! du bruit... de la lumière chez la petite cousine... A la grâce de Dieu!

SCÈNE III.

MARGUERITE.

MARGUERITE, sort de sa chambre avec un flambeau dont elle cache la lumière avec sa main.

Sept heures. Ma cousine Louise dort encore. L'orage a presque cessé. Allons vite dans le jardin, près du chalet. C'est peut-être mal ce que je fais là... à l'insu de cette bonne Louise, qui m'aime tant, qui me sert de mère... aller à un rendez-vous que j'ai donné à un jeune homme... un officier... Mais, non, puisque c'est pour lui dire de ne plus revenir avant que j'aie fait consentir ma cousine à notre mariage.

Air: *la brune Thérèse*.

En lui j'ai confiance
Ce n'est pas un trompeur.
Je puis sans défiance
Obéir à mon cœur.
Il va venir...
Dieu! quel plaisir!
L'heure s'avance...
Il va venir,
Dieu! quel plaisir!
De l'accueillir.
Non, non, non, non, jamais (*bis*) d'un voix haute et fière
On ne doit repousser (*bis*) l'aveu timide et doux
D'un cœur pur et sincère } *bis*.
Qui vient s'offrir à vous,
Et puisqu'il sait me plaire (*bis*),
Il sera mon époux.

SCÈNE IV.

D'ERIGNY, MARGUERITE.

D'ERIGNY, *entrant avec un parapluie qu'il ferme*.
Ne vous effrayez pas... c'est moi.

MARGUERITE.
Comment, Monsieur, vous ici? vous avez l'imprudence d'entrer dans la maison?

D'ERIGNY.
Je le crois bien !.. par un temps pareil... quelle idée aussi, de donner un rendez-vous en plein air...

MARGUERITE, *piquée*.
Mon Dieu ! Monsieur, rien ne vous forçait... (*Lui montrant la porte.*) et rien ne vous empêche...

D'ERIGNY.
Quand je suis près de vous... Quand il pleut encore! ô Marguerite, vous me permettrez bien de vous dire combien je vous aime... (*Il s'assied.*) et de me reposer un peu.

MARGUERITE.
Vous reposer? pour le chemin que vous avez fait? de la rue à côté jusqu'ici.

D'ERIGNY.
Oh! ça vous est bien facile à dire, à vous, qui n'avez qu'à sortir de votre chambre; mais moi, j'ai bravé... les gouttières... j'ai franchi un mur... écroulé... je vous ai même attendue sous un gros marronnier; mais quand j'ai vu que malgré ce feuillage... et mon parapluie, les rafales commençaient à me submerger, je n'ai plus résisté au désir.. de vous parler de mon amour... et je suis entré.

MARGUERITE.
Pour vous mettre à l'abri.

D'ERIGNY.
Oh! seulement pour ne pas paraître à vos yeux... dans un état... et pour vous déclarer que je ne sortirai d'ici... qu'avec la promesse de votre main.

MARGUERITE.
Quoi? vous voulez, Monsieur...
D'ERIGNY.
Vous épouser.
MARGUERITE.
Ce n'est pas une trop mauvaise idée.
D'ERIGNY.
Ce sera bien plus commode pour nous voir.

Air: *Troupe jolie.*

Oui, mon amour toujours plus tendre,
Plus ardent, plus impétueux
Quand je puis vous voir, vous entendre
Aux doux rayons de vos beaux yeux,
Du Sénégal passe les feux.

MARGUERITE.
Oui, mais aussi du thermomètre
Parcourant chaque numéro,
En me quittant, il va peut-être
Descendre au-dessous de zéro.

D'ERIGNY.
Oh! Mademoiselle...
MARGUERITE.
Ensuite le moment est mal choisi pour parler à ma cousine, il faut attendre.
D'ERIGNY.
Attendre!... Mais voilà quinze jours que je vous aime... que je me donne une peine pour arriver jusqu'à vous! Non, non, nous sommes à l'équinoxe... le mauvais temps peut continuer... je vous épouse, et je quitte l'état militaire.
MARGUERITE.
Pourquoi donc? c'est si joli l'uniforme.
D'ERIGNY.
Oui, mais c'est bien gênant. D'ailleurs il n'y a qu'un mois que je suis militaire. C'est mon père qui a voulu m'acheter une lieutenance dans le régiment de Poitou.. Il s'imagine que j'irai m'exposer...
MARGUERITE.
Par exemple! Vous faire tuer!
D'ERIGNY.
Je suis beaucoup trop jeune pour cela. Je n'avais même jamais quitté le toit paternel quand mon brevet de lieutenant est arrivé, avec l'ordre de rejoindre; mais puisque je vous ai rencontrée j'en reste là, je donne ma démission.
MARGUERITE.
C'est pourtant bien agréable de commander.
D'ERIGNY.
Oui, l'on commande aux uns, mais on obéit aux autres. Non, non, je ne veux pas d'un métier où il faut se lever quand on voudrait dormir; monter à cheval, quand on se trouverait si bien dans un fauteuil... auprès de ce qu'on aime... et d'un bon feu... la main dans les siennes, ou les pieds sur les chenets. Ah! je passerais ma vie ainsi! Disons donc vite à votre cousine que nous nous aimons... et que...
MARGUERITE.
C'est inutile. Dans ce moment ma cousine n'y consentirait pas.
D'ERIGNY.
O ciel! moi qui croyais qu'il n'y aurait pas d'obstacles! C'est donc impossible?
MARGUERITE.
Je vous dis pour le moment.
D'ERIGNY.
Ah! oui, pour me consoler; mais je vois bien qu'il faut renoncer...
MARGUERITE.
Est-il impatientant avec sa manie de se décourager! demain vous pourrez parler à ma cousine, tout ira bien.
D'ERIGNY.
Vous croyez?.. mais si elle fait des difficultés. Je n'insisterai pas d'abord, je vous en préviens; nous n'en viendrions jamais à bout.
MARGUERITE.
Quel homme insupportable!
D'ERIGNY, *continuant.*
Mais soyez tranquille, je saurai me faire une raison. (*Il tire son mouchoir.*)
MARGUERITE.
En m'oubliant, n'est-ce pas?
D'ERIGNY.
Moi! oh jamais! votre nom est inscrit sur mes tablettes, à la date de notre première rencontre le jeudi soir 31 mai 1669, dans la boutique d'un confiseur, où j'étais occupé à manger des pralines... (*Il tire une boîte de sa poche, et en offre à Marguerite.*) et Château-Thierry ne sortira jamais de ma mémoire.
MARGUERITE.
Oh! mon Dieu! taisez-vous!... voici le jour, partez.
D'ERIGNY.
Déjà!.. on ne peut pas être un moment tranquille ici... le temps seulement de laisser passer l'orage.
MARGUERITE.
Partez donc!
D'ERIGNY.
Ah!.. et mon parapluie (*Il va le prendre.*)
MARGUERITE.
Tâchez surtout de ne pas être vu.

ENSEMBLE.

Air: *Premier chœur du 2e acte du Châle bleu.*

MARGUERITE.
Partez, l'heure, je pense,
S'avance (*bis*).
Il faut de la prudence,
Sortez sans bruit,
Car le jour luit.

D'ÉRIGNY.
Partons, l'heure, je pense,
S'avance (bis).
Il faut de la prudence,
Sortons sans bruit,
Car le jour luit.
(*Il sort par le fond.*)

SCÈNE V.
MARGUERITE, *puis* SAGET, *puis* LOUISE.

MARGUERITE, *seule*.
Enfin !.. ah ! quel jeune homme sans énergie... un rien le déconcerte... (*Voyant le chapeau gris oublié par Champagnac et resté sur la table.*) Grand Dieu ! il a oublié son chapeau (*Criant.*) Monsieur d'Erigny ! Monsieur d'Erigny !

SAGET, *entrant par le fond*.
Qu'est-ce que vous voulez, Mam'selle ?

MARGUERITE, *à part*.
Oh !.. Saget, le jardinier...

LOUISE, *sortant de sa chambre*.
Qu'y a-t-il ?

MARGUERITE, *à part*.
Et ma cousine !..

SAGET.
Qu'est-ce que vous tenez donc là, Mam'selle, un chapeau d'homme.

LOUISE, *à part*.
Ciel ! celui de Champagnac..

MARGUERITE, *à part*.
Je suis prise !.. (*Haut.*) mon Dieu !.. oui... je viens de trouver là .. sous mes pas...

SAGET.
Ce feutre... ici... mais il n'y a que moi d'homme dans la maison... et je porte un toquet... c'est un voleur ; il n'y a qu'un voleur qui puisse porter une horreur de chapeau comme ça... Mais j'ai ma carabine, et s'il est encore dans le jardin, en deux temps, je vais... (*Il sort vivement.*)

MARGUERITE.
Mais, non !... Saget !...

LOUISE.
Laisse-le... (*Bas.*) il ne trouvera personne, il y a longtemps qu'il est parti...

SCÈNE VI.
LOUISE, MARGUERITE.

MARGUERITE.
Hein ?.. comment... qui donc, ma cousine ?...

LOUISE, *à part*.
Ciel ! je me suis trahie !.. (*Haut.*) mais je viens de te le dire... personne.

MARGUERITE, *réfléchissant à part*.
Mais j'y songe, M. d'Erigny en avait un noir... et celui là est gris !.. (*Haut.*) Qu'ai-je vu ?..

LOUISE.
Qu'as tu donc ?

MARGUERITE.
En lettres d'or... là... il y a bien Maurice de Champagnac !

LOUISE.
Tais-toi.

MARGUERITE.
Eh ! quoi, ma cousine...

LOUISE.
Silence, te dis-je.

MARGUERITE.
Vous recevez... la nuit... un chapeau gris ! (*A part.*) Oh ! maintenant je suis sûre de mon mariage.

LOUISE.
Marguerite... tu vas tout savoir, et quand tu connaîtras par quelle épreuve a dû passer ta cousine, tu diras si elle est coupable d'avoir écouté... une seule et unique fois, son triste cœur.

MARGUERITE.
Pourquoi dites vous triste ? est-ce que l'amour rend triste ?

LOUISE.
Quelquefois, mon enfant ; mais c'est encore du bonheur. Orpheline et pauvre, tu le sais, une vieille parente, de qui je dépendais, me fit élever au couvent.

MARGUERITE.
Oui, votre tante Ursule qui voulait faire de vous une religieuse. Quelle singulière idée !

LOUISE.
Un soir que je me promenais seule dans une allée du jardin je trouvai tout-à-coup devant moi... un cavalier... qui, pour me voir et me parler, venait de pénétrer dans le saint asile.

MARGUERITE.
Quelle audace !

LOUISE.
Je n'avais rencontré qu'une seule fois dans le monde ! Ce...

MARGUERITE, *vivement*.
Chapeau gris ?

LOUISE.
Mais un regard avait suffi pour me rendre à jamais maîtresse de son cœur.

MARGUERITE.
Comme moi avec M. d'Erigny.

LOUISE.
Et depuis ce jour, tous les soirs, malgré ma défense...

MARGUERITE.
Il revint au même rendez-vous ? Oh ! que c'est bien !

LOUISE.
Hélas !.. moments trop vite passés ! bientôt je quittai le couvent.

MARGUERITE.
Comme vous dites cela ! il me semble que, pour vous, ce n'était pas un malheur !

LOUISE.
Ma parente venait de mourir... en me laissant toute sa fortune.

MARGUERITE.
Mais alors rien ne s'opposait plus à votre union avec...

LOUISE.
Au contraire! nous étions séparés plus que jamais!

MARGUERITE.
Ah! mon Dieu!.. et comment donc?

LOUISE.
Je n'étais héritière qu'à la condition de ne jamais me marier.

MARGUERITE.
Est-il possible!

LOUISE.
Ma vieille parente avait eu, dit-on, beaucoup à se plaindre des hommes.

MARGUERITE.
En vérité?

LOUISE.
Et il fallait partager son antipathie... ou voir passer l'héritage à une étrangère, une demoiselle Gandolphe, son amie.

MARGUERITE.
Quelle idée de forcer ainsi les gens à une chose si peu naturelle.

LOUISE.
Que veux-tu? je commençais à en prendre mon parti, loin de Champagnac c'était moins difficile. Quand il y a un mois... au détour du petit chalet, un homme tombe à mes pieds. C'était lui, qui avait mis trois ans à me trouver, et qui n'avait rien perdu de son amour.

MARGUERITE.
Quelle joie pour vous!

LOUISE.
Après bien des difficultés... bien des combats, je consentis à le recevoir... chez moi... en secret.

MARGUERITE.
Ah! grand Dieu, et l'héritage...

LOUISE.
Mais pour mettre entre nous un obstacle invincible... pour me donner la force de lui résister, de me résister à moi-même, j'imaginai la fable d'un mariage, d'un époux brutal, libertin, que sais-je? parti aux îles et pouvant revenir à tout moment.

MARGUERITE.
Oh! comme s'est bien inventé! Et M. de Champagnac ne s'est pas éloigné?

LOUISE.
Au contraire, il s'est installé dans cette ville, et il est venu ici tous les soirs, plus amoureux, plus pressant que jamais.

MARGUERITE.
A la bonne heure... voilà un homme... comme ils devraient être tous.

LOUISE.
Oui; mais ces mystères, ces contraintes, ont fini par exaspérer ses sentiments; il ne parle que de m'enlever, de nous expatrier ensemble!

MARGUERITE.
Mais c'est charmant, cela!

LOUISE.
Le testament de ma parente s'y oppose. Il faut que je réside en France. Et maintenant, juge de mes ennuis et de mon embarras. (*Ecoutant.*) Mais quel est ce bruit?

SAGET, *en dehors.*
Allons, marche devant!

D'ERIGNY, *de même.*
Veux-tu bien me lâcher, butor!

SCÈNE VII.

LES MÊMES, SAGET, D'ERIGNY.

SAGET, *poussant d'Érigny en avant.*
Marche, ou je t'assomme.

MARGUERITE, *à part.*
Ciel! monsieur d'Erigny!

SAGET.
V'là le voleur, Mam'selle, qui s'était caché dans le chalet.

LOUISE.
Que vois-je? un homme! un militaire!

SAGET.
Ça! c'est une poule mouillée qui a pris un déguisement pour nous faire peur, connu?

D'ERIGNY, *à part.*
O Marguerite! à quoi tu m'exposes!

MARGUERITE, *à part.*
Ah ça! est-ce qu'il va se laisser prendre pour un brigand?

LOUISE.
Qui êtes-vous, Monsieur? Comment vous trouvez-vous chez moi?.. répondez!...

D'ERIGNY.
Madame... je... (*A part.*) Ah! ma foi! c'est trop difficile; je ne pourrais jamais m'en tirer. J'aime mieux ne rien dire du tout...

MARGUERITE, *à part.*
J'espère qu'il va trouver quelque chose.

LOUISE.
Mais répondez donc!

MARGUERITE, *à part.*
Est-il maladroit!

SAGET.
Faut-il taper dessus?

MARGUERITE, *vivement.*
Mais non! mais non!

LOUISE.
Alors, puisque vous vous obstinez à garder le silence, on va vous conduire...

SCÈNE VII.

SAGET.
En prison !
D'ERIGNY.
En prison !...
SAGET.
Marche.
MARGUERITE, *vivement.*
Un instant... Sortez, Saget.
SAGET.
Vous laisser seule... avec... le brigand !..
MARGUERITE, *prenant le chapeau gris en passant près de la table où il est déposé, et le cachant derrière elle.)*
Sortez donc !
SAGET.
Suffit... je vas préparer le déjeûner. *(Il sort.)*
LOUISE.
Eh bien ?
MARGUERITE.
Puisque Monsieur ne veut pas nous dire qui il est, et ce qu'il vient faire ici, c'est moi qui me chargerai de ce soin.
LOUISE.
Toi ?
D'ERIGNY, *à part.*
Elle va essayer de justifier ma présence, mais elle n'y réussira pas.
MARGUERITE.
Monsieur se nomme Guillaume d'Erigny ; il est de fort bonne maison ; il m'aime, et il est venu ici pour vous demander ma main.
LOUISE.
Qu'entends-je ?
D'ERIGNY, *à part.*
A-t-elle de l'audace !
LOUISE.
Comment, Mademoiselle, vous avez osé....
MARGUERITE, *jouant avec le chapeau gris qu'elle tourne dans ses mains.*
Mon Dieu ! oui, ma cousine.
LOUISE.
Recevoir un jeune homme !
MARGUERITE, *même jeu du chapeau.*
Il est souvent des circonstances impérieuses qui, bien malgré vous, vous obligent...
LOUISE, *bas.*
Cachez donc cela. *(Haut.)* Et vous avez souffert qu'il vous parlât d'amour ?
MARGUERITE, *de même.*
Puisqu'il ne venait que pour cela.
LOUISE, *à part.*
Ah ! le maudit chapeau ! *(Haut.)* Mademoiselle !
MARGUERITE, *de même.*
Mon Dieu ! j'ai eu tort, sans doute ; mais comment ne pas se laisser entraîner par l'exemple, surtout quand il est donné... par une personne...
LOUISE, *l'interrompant.*
C'est bien, c'est bien...

MARGUERITE, *de même.*
Vous me pardonnez ?... vous m'approuvez ?..
LOUISE, *à bout de patience.*
Oui, oui.... mais laisse donc ce chapeau..... tu vas l'abîmer. *(Elle prend le chapeau des mains de Marguerite, et le met à l'écart.)*
D'ERIGNY, *à part.*
La cousine ne se fâche pas plus que cela !..... Comment Marguerite a-t-elle fait ?... Je n'y comprends rien.
MARGUERITE, *embrassant Louise.*
Ah ! ma bonne cousine, vous ne vous repentirez pas de votre indulgence quand vous saurez que j'ai fait un bon choix..,.. sous tous les rapports.
LOUISE.
Je n'en doute pas. Monsieur est..... *(Elle va à lui.)*
D'ERIGNY.
Lieutenant au régiment de Poitou ; mais dès demain, je donne ma démission, afin de me consacrer tout entier au bonheur de mon ménage.
LOUISE.
Il a du bon, ce jeune homme.
MARGUERITE.
N'est-ce pas, ma cousine ?
LOUISE, *à d'Erigny.*
Mais où donc avez-vous vu Marguerite ?
D'ERIGNY.
A Château-Thierry, où j'étais occupé...
LOUISE.
A Château-Thierry ! lors de ma visite à mon ancien couvent ! sous mes yeux, sans que je m'en sois doutée !
MARGUERITE.
Ma cousine...
LOUISE, *s'animant.*
Et il t'a suivie jusqu'ici.
D'ERIGNY.
C'était mon chemin.
LOUISE.
Pour arriver jusqu'à elle, n'est-ce pas ? Et vous avez bravé, renversé tous les obstacles ?
D'ERIGNY.
Mon Dieu non !..... je n'ai rien renversé du tout.
LOUISE.
Oh ! ne le niez pas, je le vois dans vos yeux. Vous êtes un téméraire, un audacieux jeune homme... Vous avez entraîné, subjugué cette pauvre enfant.
D'ERIGNY.
Elle m'a subjugué aussi.
LOUISE.
Oh ! les hommes ! les hommes ! Ils se ressemblent donc tous ?
MARGUERITE.
Nous n'avons rien, du moins, à reprocher à ce-

lui-ci, puisqu'il vient vous demander ma main, et attend, tout tremblant, votre réponse.
　　　　　　　LOUISE.
Nous en reparlerons.
　　　　　　　MARGUERITE.
Bientôt?
　　　　　　　LOUISE.
Un de ces jours.
MARGUERITE, *lui montrant le chapeau de Champagnac.*
Oh! tout de suite, je vous en prie!
　　　　　　　LOUISE.
Demain... aujourd'hui même... si tu le désires.
　　　　　　D'ERIGNY, *à part.*
Elle est un peu girouette, la cousine.
　　　　　　SAGET, *entrant.*
Mademoiselle est servie!
　　　　　　　MARGUERITE.
Oh! ma bonne cousine.... est-ce que vous ne l'invitez pas?
　　　　　　LOUISE, *vivement.*
J'allais te le proposer. (*A d'Erigny.*) Si Monsieur voulait nous faire l'honneur de nous tenir compagnie...
　　　　　D'ERIGNY, *bas à Marguerite.*
Je n'ose pas accepter.
　　　　　MARGUERITE, *à Louise.*
Monsieur accepte avec reconnaissance..... il meurt de faim.
　　　　　　SAGET, *à part.*
Comment, Mademoiselle va déjeûner avec le filou!
　　　　　　MARGUERITE.
A table!
　　　　　　　SAGET.
Ah! j'oubliais. Deux lettres qu'on vient d'apporter pour mam'selle...
　　　　　　　LOUISE.
Donnez! (*Regardant.*) de Maurice!.. (*Vivement.*) Marguerite, conduis monsieur dans la salle à manger; je vous rejoins à l'instant.
　　　　MARGUERITE, *bas à d'Erigny.*
Vous voyez bien que tout s'arrangera.
　　　　　　D'ERIGNY, *de même.*
Oui, ça en a l'air; mais j'ai bien peur que ça ne soit plus difficile que vous ne croyez.
　　　　　　ENSEMBLE.
　　　Air: *Oiseau du Paradis.*
　　　Quel avenir,
　　　Plein d'ivresse,
　　Si notre/votre tendresse,
　　Peut durer sans cesse,
　　L'amour est une richesse,
　　Qu'il faut agrandir
　　Quand on veut s'unir.
(*Marguerite et d'Erigny sortent précédés par Saget.*)

SCENE VIII.

LOUISE, *seule, décachetant.*

Que peut-il me dire? (*Lisant.*) « Chère Louise! « que n'oublierait-on pas près de vous, moi, j'ai « oublié mon chapeau... il peut vous compromettre... je suis derrière le mur du parc, en « face du premier marronnier... jetez-le par dessus le mur... A ce soir... » (*Parlé.*) Ah! il a raison. Il ne sait pas tout ce que ce chapeau m'a déjà fait souffrir... Mais cette autre lettre... (*Elle l'ouvre vivement.*) De mon procureur!...
　　　　　MARGUERITE, *entrant.*
Mais venez donc, ma cousine; M. d'Erigny ne veut pas se mettre à table sans vous.
　　　　LOUISE, *parcourant la lettre.*
Ciel! qu'ai-je lu?
　　　　　　MARGUERITE.
Vous vous trouvez mal?
　　　　　　　LOUISE.
Au contraire!... Ah! Marguerite! (*Elle l'embrasse.*)
　　　　　　MARGUERITE.
Qu'y a-t-il donc?
　　　　　　　LOUISE.
Je ne sais... ma vue se trouble... mes genoux fléchissent... (*Se laissant tomber sur un fauteuil.*) Tiens, lis, regarde, vois si je ne me suis pas trompée. (*Elle lui donne la lettre.*)
　　　　　MARGUERITE, *lisant.*
« Mademoiselle, j'ai l'honneur de vous annoncer que madame Gandolphe a succombé, il y a « quelques jours à la suite d'un repas de noces; « vous vous trouvez donc entièrement maîtresse « de votre fortune et de votre main, puisque personne, à présent, ne peut revendiquer le bénéfice de la clause du testament de votre parente. » (*Parlé.*) Ma bonne cousine!.... vous êtes libre.... vous vous marierez...
　　　　　LOUISE, *se levant.*
Tu te marieras?..
　　　　　　MARGUERITE.
Nous nous marierons...
　　　　　　　LOUISE.
Ce pauvre Champagnac! plus d'obstacles, de mystère... il peut venir ici... en plein jour, demain... aujourd'hui... tout-à-l'heure.
　　　　　　MARGUERITE.
Quel plaisir ça va lui faire! (*Louise sonne.*)
　　　　　　SAGET, *entrant.*
Madame...
　　　　　　　LOUISE.
Cours vite, derrière le mur qui longe le parc... en face le premier marronnier, tu trouveras un homme sans chapeau...
　　　　　　　SAGET.
C'est le filou?

LOUISE.
Eh non! il faut qu'avec toi tu me ramènes
cette personne. Pars!
SAGET.
Bien, Mam'selle.
LOUISE.
Vingt, quarante, cinquante livres! si tu
réussis!...
SAGET.
Cinquante livres!
LOUISE.
Si tu reviens seul... je te chasse...
SAGET.
Cinquante livres!... je vous rapporterais... cin-
quante personnes, pour ce prix-là !.. (Il sort.)
LOUISE.
Quelle joie! quel bonheur! comprends-tu, Mar-
guerite? car je n'étais pas sans inquiétude, et
quelquefois, je me disais : si ces difficultés, ces
obstacles allaient finir par fatiguer M. de Cham-
pagnac? s'il allait cesser de m'aimer!..
MARGUERITE.
Il y a des gens qui en seraient capables tant ils
redoutent la moindre peine.
SAGET, en dehors.
Avancez donc !
CHAMPAGNAC, de même.
Plutôt mourir.
LOUISE.
C'est lui, c'est Champagnac... va-t-en, va-t-en
vite, Marguerite.
MARGUERITE.
Je vais décider M. d'Erigny à déjeûner. (Elle
sort.)

SCENE IX.
LOUISE, CHAMPAGNAC, SAGET.

SAGET, à Champagnac.
Eh! entrez donc !.. puisque mam'selle vous
demande... (Bas à Louise.) En voilà pour cin-
quante livres.
LOUISE, lui jetant sa bourse.
Tiens !..
(Saget sort.)
CHAMPAGNAC.
Ah! Madame... croyez-le bien, jamais je ne me
serais permis de venir ici... à une pareille heure,
pour vous compromettre... mais au moment où je
m'y attendais le moins, ce butor m'a saisi... si
brusquement...
LOUISE.
Il a bien fait.
CHAMPAGNAC.
Plaît-il? il a bien fait de m'amener ici... en
plein jour... sans lumière, mais... c'est impossible... il fait nuit... il doit faire nuit... je rêve, j'ai
le vertige !..

LOUISE.
Non, vous ne rêvez pas... vous êtes ici chez
moi... ou vous pourrez venir à présent... tant
qu'il vous plaira... le matin... le jour... à toute
heure...
CHAMPAGNAC.
Qu'entends-je?
LOUISE.
Aux yeux de tous... ah! mon ami... si vous sa-
viez... le bonheur, la joie,... je suis folle !..
CHAMPAGNAC.
Folle de quoi...
LOUISE.
Figurez-vous que mademoiselle Gandol-
phe !...
CHAMPAGNAC.
Gandolphe !... Qu'est-ce que c'est que ça ?
LOUISE, à part.
Imprudente... qu'allais-je dire ?.. j'oubliais...
CHAMPAGNAC.
Où prenez-vous ce M. Gandolphe...
LOUISE, à part.
Puisque je me suis donné un mari... je peux
bien me l'ôter... (Haut.) une de mes amies...
CHAMPAGNAC.
Ah! c'est une dame qui s'appelle... Gandol-
phe !.. je ne lui en fais pas mon compliment...
LOUISE.
Une de mes amies, qui habite le Havre... vient
de m'écrire qu'un navire, en vue du port, s'était
perdu... corps et biens...
CHAMPAGNAC.
Ah! diable! voilà une chose triste...
LOUISE.
Ce navire revenait des îles...
CHAMPAGNAC.
Ah! mon Dieu !..
LOUISE.
Et, parmi les passagers, mon époux... mon
malheureux époux...
CHAMPAGNAC.
Il a fait comme le navire ?..
LOUISE.
Hélas !..
CHAMPAGNAC.
Il a... sombré !..
LOUISE.
Ce... Ce pénible naufrage me rend libre... plus
d'entraves... d'esclavage... de mystères... plus
de visites nocturnes, ni d'escalades !...
CHAMPAGNAC.
Plus d'escalades... pas la plus petite escalade ?..
Ah! ça, qu'est-ce que nous allons faire de l'é-
chelle à présent.
LOUISE.
Vous êtes ravi, enchanté... n'est-ce pas ?..
CHAMPAGNAC.
Moi ?.. C'est-à-dire que... que... je ne trouve pas

d'expressions assez... convenables pour... exprimer ce que je ressens... je ne sais pas ce que je ressens... c'est un amalgame, une confusion... un chaos.... Ah !... il revenait pour nous séparer.... ce M. Gandolphe.... qui a sombré..... Eh bien !..... je suis fâché qu'il soit tout-à-fait mort, j'aurais eu du plaisir à lutter contre lui... à lui prouver... Qu'un autre ose donc se placer entre nous !..

LOUISE.
Mais, à présent, personne n'a le droit...

CHAMPAGNAC.
Personne !.. ah ! oui... c'est juste... je pourrai venir ici tous les jours... si je veux... deux fois par jour... si je veux...

LOUISE.
Et sans être obligé de vous glisser furtivement, au risque d'être pris pour un voleur...

CHAMPAGNAC.
Ah ! le fait est que la nuit.,. il n'y a guère que les amoureux, ou les..... comme vous dites.... qui...

LOUISE.
A présent, plus de méprises à redouter... vous pourrez entrer par la porte... par la grande porte...

CHAMPAGNAC.
Comme tout le monde.

LOUISE.
Air : *de Préville.*

Vous n'aurez plus à grimper sur le mur,
A ne chercher que l'ombre et le mystère,
La porte est là; c'est commode et plus sûr.

CHAMPAGNAC.
Franchement, j'aimais mieux, mon chemin ordinaire,
Tous les sentiers ne vont pas aux amours,
L'ennui souvent, vient par la grande entrée,
Et le bonheur entre presque toujours
Par une porte dérobée.
Il prend toujours la porte dérobée.

LOUISE.
Quand on lui ferme l'autre ! Vous verrez comme nous serons heureux !...

CHAMPAGNAC.
Ah ! ne m'en parlez pas !...

LOUISE.
Voyons, Monsieur..... venez ici..... asseyez-vous là... tout près de moi... encore plus près.

CHAMPAGNAC.
Chut ! chut donc... plus bas, si l'on nous entendait...

LOUISE.
Eh ! qu'importe.

CHAMPAGNAC.
Ah ! pardon !... c'est vrai, j'oubliais que nous pouvons causer... à tue-tête... maintenant ! (*Très haut.*) Nous pouvons causer à tue-tête.

LOUISE, *s'approchant elle-même.*
Mais approchez-vous donc, Monsieur ; il est à cent lieues... et dites-moi de jolies choses...

CHAMPAGNAC, *distrait.*
Gandolphe !...

LOUISE.
Parlez-moi de votre amour.

CHAMPAGNAC, *de même.*
Gandolphe !... si jamais j'ai des enfants je ne leur donnerai pas ce nom de baptême.

LOUISE.
Parlez-moi... de votre bonheur.

CHAMPAGNAC.
Ah ! pardon... je pensais à ce monsieur qui a sombré. Au fait, vous avez raison, causons un peu de tout cela.

LOUISE.
D'abord nous ne nous quitterons plus...

CHAMPAGNAC.
Pas d'une minute !

LOUISE.
Nous vivrons toujours ensemble, l'un à côté de l'autre... bien unis... cherchant tous deux à nous rendre la vie agréable... vous serez le phénix des maris...

CHAMPAGNAC.
Vous croyez ?...

LOUISE.
J'en suis sûre, et moi, le modèle des épouses...

CHAMPAGNAC.
C'est difficile, allez !

LOUISE.
Pas le moins du monde... j'irai au devant de tous vos désirs, de tous vos souhaits..... rien ne vous manquera... nous aurons en même temps la paix du cœur...

CHAMPAGNAC, *avec un soupir.*
Et la santé du corps !

LOUISE.
Quel avenir enchanteur !...

CHAMPAGNAC.
Ah ça ! qu'est-ce que nous ferons à présent, que nous avons plus rien qui nous gêne... à quoi nous occuperons-nous ?

LOUISE.
A nous aimer, à nous le dire... La journée, passée ainsi, ah !.. nous semblera trop courte...

CHAMPAGNAC.
Ah !.. nous allons passer la journée à nous aimer et à nous le dire... et vous croyez qu'elle nous semblera trop courte... je veux bien. (*Il s'est levé et est allé vers la fenêtre.*)

LOUISE.
Eh bien ! que regardez-vous donc là ?

CHAMPAGNAC.
Ah ! rien... le ciel... voilà un bien beau temps.. Dieu ! le beau temps !.. ça donne envie... de prendre l'air... Adieu, ma bonne amie.

SCENE X.

LOUISE.
Où allez vous donc?

CHAMPAGNAC.
Faire un tour de promenade.

LOUISE.
A merveille! nous irons ensemble. Vous me donnerez le bras.

CHAMPAGNAC.
Imprudente.... pour vous compromettre.... je vous suivrai de loin... de bien loin... sans avoir l'air..

LOUISE.
Inutile... puisque je suis libre...

CHAMPAGNAC.
C'est vrai... cette liberté... qui vient comme ça.. au moment où on n'y pense pas.

LOUISE.
Je vais me préparer.

CHAMPAGNAC.
Attendez !...

LOUISE.
Qu'est-ce donc?

CHAMPAGNAC.
Je crois que nous ferions mieux de rester.

LOUISE.
Pourquoi?

CHAMPAGNAC.
Parce que..... il me semble que le temps se gâte.

LOUISE.
Il n'y a pas un nuage.

CHAMPAGNAC.
Si, il y a un grain... là... de côté... que vous ne pouvez pas voir et puis je sens cela à mon entorse... c'est un baromètre infaillible.

LOUISE.
D'ailleurs, pour ne pas retarder d'un jour notre bonheur, il faut que nous passions à l'église.

CHAMPAGNAC, vivement.
Est-ce que vous croyez que l'église pourrait s'opposer?..

LOUISE.
Du tout... pour que dimanche, au prône, on annonce notre mariage.

CHAMPAGNAC.
Quoi! devant toute la ville!... vous voulez...

LOUISE, tendrement.
Oui, que toute la ville sache que nous sommes l'un à l'autre. En êtes-vous fâché?

CHAMPAGNAC.
Moi!... oh!... c'est juste. (A part.) après cela... il n'y a pas moyen de s'en dédire.

LOUISE.
Je cours faire un peu de toilette.

CHAMAPAGNAC.
Au prône... quelle idée! (A Louise.) Vous tenez donc bien à ce que toute la ville... ça lui est bien égal, allez... est-ce que vous n'aimeriez pas mieux nous marier le soir aux flambeaux... (Louise fait un signe négatif.) Non...

LOUISE.
Dans un moment... je suis à vous... ah!... ce baiser que vous m'avez tant de fois demandé, et que je vous ai si souvent refusé... voyons... prenez-le.

CHAMPAGNAC, vivement.
Vous me le refusez? n'est-ce pas?

LOUISE.
Je l'offre à celui qui doit être mon mari.

CHAMPAGNAC, s'approchant.
Vous ne me le refusez plus... eh bien! non, Louise, je veux vous montrer que je suis digne d'une telle faveur... en m'imposant... le sacrifice d'y renoncer.

LOUISE.
Est-il discret!... Vous êtes charmant.

Air : *J'ai prié le ciel qu'il me garde (vie en partie double.)*

Oui, ce baiser, amoureux gage,
Vous l'aurez, je vous le promets.

CHAMPAGNAC.
Cet à-compte du mariage
Je ne le demande qu'après;

LOUISE.
Vous pourrez, vous êtes si sage,
En prendre deux...

CHAMPAGNAC.
Non, gardez-les,
Pour me les donner en ménage,
Accompagnés des intérêts.

ENSEMBLE.

On en a, toujours, c'est l'usage,
Bien moins besoin avant qu'après.

LOUISE.
Oui, vous les aurez en ménage,
Accompagnés des intérêts.

(*Elle sort en lui envoyant un baiser avec la main.*)

SCENE X.

CHAMPAGNAC, seul.

Elle n'a plus de mari!.. hum! hum!.. ça change considérablement la position... plus de péril... plus de hasard... plus d'accident!.. nous rentrons tout en plein dans le bourgeois... moi, qui, chaque fois que je me trouvais auprès d'elle, courais le risque d'une très mauvaise affaire... si, par fortune, il était revenu... je vais le remplacer... et tout sera fini!.. mais... j'y songe... nous sommes-là tous les deux à nous dépêcher... Puisqu'il n'y a rien qui nous presse... nous pouvons bien... Ah! elle est veuve! je vais épouser une veuve!.. c'est désagréable... j'aurais mieux aimé... une jeune fille... parce que... une jeune fille, d'abord... c'est plus jeune, ensuite, l'on peut espérer... il est même probable... qu'on a son premier amour, tandis qu'une veuve... vous me direz, elle aura plus de soin, plus d'ordre... Eh! mon Dieu!.. qu'est-ce qui n'en a pas de l'ordre... quand on arrive à notre âge... quand on touche à la vingt-huitaine... c'est vraiment trop jeune pour se marier... pour certains hommes... surtout pour moi... oui... je sens que je n'ai pas encore épuisé toute ma fougue.. je sens qu'il me faudrait encore des aventures... bizarres, imprévues... tragiques mêmes!... et j'irais m'enchaîner pour la vie, je me priverais de tout ce qui peut m'arriver encore... marié... il ne peut m'arriver... qu'une seule chose... les femmes sont si... changeantes.. Louise surtout... c'est drôle, je ne la trouve pas si bien... je ne l'avais vue le jour... que rarement... Ah! la nuit... elle est ravissante... au clair de la lune, quand ces doux rayons... tandis que le jour... elle est éclairée comme toutes les autres femmes... elle me paraît fade... Non, décidément j'ai bien envie de ne pas l'épouser... à présent... je l'épouserai plus tard... (*Élevant la voix.*) Je vous épouserai plus tard, chère amie... Mais comment lui annoncer ?... je n'oserai jamais... pardieu, en lui écrivant... en prenant un prétexte... adroit... (*Il se met à une table et écrit.*) Ma chère Louise... je viens de recevoir une lettre qui m'oblige à un petit voyage... une absence d'une dizaine d'années... il m'est impossible de me marier maintenant, je suis trop pressé, il faut que je parte tout de suite... mais la distance ne pourra séparer nos cœurs... je serai toujours à la vie, à la mort, votre Maurice de Champagnac... Quelqu'un!.. c'est elle... Diable! qu'elle ne me voie pas... évitons les explications... (*Il sort vivement par le fond.*)

SCÈNE XI.

LOUISE, *sortant de chez elle en grande toilette.*

Me voilà prête, mon ami... Eh bien!... personne... où donc est-il?.. il ne peut être loin, puisque voici sur cette table... son chapeau... que vois-je?... une lettre... à mon adresse... c'est singulier... (*Elle l'ouvre.*) Grand Dieu!... il part... il me quitte... c'est une rupture... il ne m'aime donc plus!... lui, qui, ce matin voulait m'enlever!... Pourquoi est-il changé ainsi?.. que lui ai-je fait?.. j'ai peut-être eu tort de lui dire que j'étais veuve, il le fallait bien, puisque je lui avais dit que j'étais mariée! Ah! l'ingrat !... moi qui l'aime tant!... ah! les hommes... les hommes!.. ce sont tous des monstres!.. (*Elle tombe dans un fauteuil.*)

SCÈNE XII.

LOUISE, MARGUERITE, D'ÉRIGNY.

MARGUERITE, *amenant d'Érigny par la main.*

Mais venez donc, Monsieur, remercier ma cousine ; vous achèverez de déjeuner plus tard.

D'ÉRIGNY, *s'essuyant la bouche avec sa serviette.*

Madame, permettez...

LOUISE, *se levant.*

Encore un monstre !

D'ÉRIGNY.

Comment ?...

LOUISE.

Ne m'approchez pas !

D'ÉRIGNY.

Mais si, mais si... souffrez que je vous peigne toute ma reconnaissance... pour un mariage... qui comble mes vœux.

LOUISE, *avec ironie.*

Ah ! vous vous mariez... et avec qui ?

MARGUERITE.

Mais... avec moi !..

D'ÉRIGNY.

Oui, elle m'épouse.

LOUISE, *vivement.*

Jamais !

MARGUERITE.

Par exemple ! mais tout-à-l'heure, vous avez consenti... donné votre parole.

LOUISE.

Je la retire.

D'ÉRIGNY.

Oh !..

LOUISE.

Toi, mon enfant... te marier avec un homme... un homme...

MARGUERITE.

Avec qui voulez-vous donc que je me marie ?

LOUISE.

Non, non, je ne veux pas que tu sois malheureuse... tu resteras fille toute ta vie.

MARGUERITE.

Joli bonheur ?

D'ÉRIGNY.

Là !.. j'étais bien sûr qu'il y aurait des empêchements.

MARGUERITE.

Mais c'est abominable... quand on ne veut pas donner de maris... on n'en promet pas. Il doit y avoir des lois là-dessus... mais dites-donc quelque chose, monsieur d'Érigny ?.. défendez-vous donc ?

D'ÉRIGNY.

Que voulez-vous que je dise ? il paraît que ça ne se peut plus.

MARGUERITE.

Eh bien! moi, je préviens ma cousine...

LOUISE.

Plaît-il ? oubliez-vous que je suis votre seule parente... que j'ai tout droit sur vous. Ah ! vous vous révoltez ! pour commencer, vous allez rentrer dans votre chambre.

MARGUERITE.

Oh !.. ma cousine...

SCÈNE XIII.

LOUISE.
Obéissez, Mademoiselle !
D'ERIGNY.
Mais rentrez-donc, puisqu'on vous le dit...
MARGUERITE.
C'est de la tyrannie !
LOUISE.
ENSEMBLE.
Air : *de mademoiselle Puget.*

Pas tant de tapage,
Ni de rage,
Sois plus sage ;
Cet hymen odieux,
M'irrite et m'outrage !
Pas tant de tapage,
Ni de rage,
Sois plus sage ;
Entre là, je le veux,
Souscris à mes vœux.

MARGUERITE.
Pour un mariage,
Quel tapage,
Quel orage,
Je romprai, je le veux,
Un tel esclavage ;
Et j'aurai, je gage
Un ménage,
Avec l'âge ;
Malgré moi, je ne peux,
Souscrire à vos vœux.

D'ERIGNY.
A ce mariage,
Qui l'outrage,
Quel dommage !
Renonçons, ça vaut mieux,
Pour calmer sa rage.
Plus tard, avec l'âge,
En ménage,
C'est plus sage,
Nous pourrons tous les deux,
Voir combler nos vœux.

(*Elle la pousse dans sa chambre, l'enferme et ôte la clé.*)

LOUISE.
Ah ! vous osez raisonner !..
D'ERIGNY.
Le fait est qu'elle a eu tort...
LOUISE.
Vous, je ne vous retiens plus.
D'ERIGNY.
Vous êtes bien bonne, mais...
LOUISE, *marchant à lui qui recule.*
Mais... vous ne comprenez donc pas que vous m'importunez, que vous m'impatientez... que votre présence...
D'ERIGNY.
C'est juste, c'est juste... quand on n'est pas disposé...

LOUISE.
Adieu... et que je ne vous revoie jamais ! (*A elle-même.*) Allons dans le parc... tâcher d'oublier... l'ingrat !.. et voir si, par hasard, il y est encore. (*Elle sort vivement.*)

~~~~~~~~~~~~~~~~~~~~~~~~~~~~~~~~

SCENE XIII.

D'ERIGNY, puis CHAMPAGNAC.

D'ERIGNY, *seul.*
Là... mademoiselle Marguerite qui disait tout ira bien. Nous voilà aussi avancés que le premier jour. Ah !.. quand j'ai vu du mystère et des entraves.. j'aurais bien dû me retirer. A présent que je suis... amoureux... fou... ce sera bien plus... pénible... Allons... il faut avoir du courage... je suis un homme... je m'en vais. (*Il sort en courant.*)

CHAMPAGNAC, *entrant de même et le heurtant.*
J'ai oublié mon chapeau.
D'ERIGNY.
Prenez-donc garde, Monsieur, vous m'avez brisé l'épaule.
CHAMPAGNAC.
Comment, prenez-donc garde... je vous trouve charmant... (*A part.*) Mais qu'est-ce que c'est que ce monsieur que je n'ai pas encore vu ici ? un militaire... qu'est-ce qu'il veut ? (*A d'Erigny.*) Monsieur demande madame Louise de Fontanil ?
D'ERIGNY.
Moi, Monsieur, oh ! non pas : je demande à m'en aller, car... elle m'a mis à la porte ; j'ai bien l'honneur...
CHAMPAGNAC, *le retenant.*
Mis à la porte.
D'ERIGNY.
Mon Dieu, oui... pour un rien... parce que j'ai eu l'audace...
CHAMPAGNAC.
De l'aimer ?..
D'ERIGNY.
Non, pas elle ; mais sa cousine.
CHAMPAGNAC.
Mademoiselle Marguerite ?
D'ERIGNY.
Tout juste, j'ai bien l'honneur...
CHAMPAGNAC.
Attendez donc. (*Il le ramène.*)
LOUISE, *paraissant.*
Que vois-je ? Maurice !.... Ah ! il est revenu !.. (*Elle se glisse dans sa chambre dont elle tient la porte entr'ouverte.*)
CHAMPAGNAC.
Madame Louise n'a donc pas consenti à votre mariage ?
D'ERIGNY.
Si, d'abord... mais elle vient de retirer son consentement.

CHAMPAGNAC.
Ah! elle est changeante! je ne lui connaissais pas ce défaut-là, je ne comprends pas, moi, les gens qui ne savent pas ce qu'ils veulent.

LOUISE, *à part.*
Je lui conseille de parler!

CHAMPAGNAC.
Ah! elle refuse!..

D'ERIGNY.
J'ai eu beau faire... inflexible... j'ai bien l'honneur.

CHAMPAGNAC.
Et vous vous en allez?.. tout simplement?

D'ERIGNY.
Que voulez-vous?.. puisqu'il y a des obstacles.

CHAMPAGNAC.
Vous vous en plaignez! et vous êtes gentilhomme! car je suppose...

D'ERIGNY.
Je porte de gueule... avec trois écrevisses.

CHAMPAGNAC.
Vous avez là une jolie noblesse!

D'ERIGNY.
Oui, c'est assez ancien...

CHAMPAGNAC.
Morbleu!.. on vous jette des bâtons dans les jambes, et ça ne vous fait pas marcher plus vite!.. on vous ferme la porte au nez, et vous ne rentrez pas par la cheminée... et dire que ça tombe sur un homme de cette humeur-là... ça lui est réservé!.. ah! si j'étais à votre place, moi...

LOUISE, *à part.*
Comment! il regrette... Ah! Monsieur... il vous faut des obstacles... (*Elle disparaît.*)

D'ERIGNY.
Moi, voyez-vous, je n'aime pas les difficultés, et puisqu'on dit non, je m'en vais; j'ai bien l'honneur...

CHAMPAGNAC.
Vous ne sortirez pas.

D'ERIGNY.
Ah ça! mais...

CHAMPAGNAC.
Vous aimez la petite cousine, n'est-ce pas?
Oui, mais puisqu'on ne veut pas me la donner.

CHAMPAGNAC.
Tant mieux, on la prend.

D'ERIGNY.
Mais on l'a enfermée...

CHAMPAGNAC.
Eh bien! on la délivre...

D'ERIGNY.
Mais je n'oserai jamais!

CHAMPAGNAC.
J'oserai pour vous, moi.

D'ERIGNY.
Vous?

CHAMPAGNAC.
Oui, moi... Ah! je ne sais pas ce que j'ai... ça m'électrise... ça me transporte!.. ça m'enivre!

D'ERIGNY.
Ça ne me fait pas du tout cet effet-là.

CHAMPAGNAC.
Où est la jeune cousine?

D'ERIGNY.
Là, dans cette chambre.

CHAMPAGNAC.
Très bien, nous allons ouvrir la porte.

D'ERIGNY.
Mais elle est fermée...

CHAMPAGNAC.
A merveille! nous allons faire sauter la serrure.

D'ERIGNY.
Une effraction?

CHAMPAGNAC.
Trouvez-moi quelque chose de mieux... en amour.

D'ERIGNY.
Si le jardinier vient nous surprendre...

CHAMPAGNAC.
Je le jette par la fenêtre!.. je voudrais même qu'il vînt... il y a longtemps que je n'ai jeté quelqu'un par la fenêtre.

D'ERIGNY, *se reculant.*
Mais il est enragé, cet homme-là!

CHAMPAGNAC.
Allons, mon cher, de la vivacité que diable!... on dirait que c'est pour moi que je travaille... on croirait que ça me regarde... Ah! si ça me regardait. Je voudrais que ça me regardât... Peste! la porte est bien close!

D'ERIGNY.
Là... c'est bien fait....

CHAMPAGNAC.
Taisez-vous donc, du mystère! de la prudence!

D'ERIGNY.
Nous faisons là un joli métier!

CHAMPAGNAC.
C'est délicieux, n'est-ce pas?

D'ERIGNY.
C'est abominable!

CHAMPAGNAC.
Innocent!... Ah! cette clé ira peut-être! (*Il montre la clé d'une porte latérale.*) Mais allons donc, mon ami!... (*Il va lui-même la prendre.*) Il marche comme un paralytique! et ça porte l'épaulette! et ça se dit amoureux!.. il est bien comme son écusson. (*Il cherche à faire entrer la clé dans la serrure de la chambre de Marguerite.*)

D'ERIGNY.
Il paraît qu'elle n'entre pas!

CHAMPAGNAC.
Laissez donc.... nous la forcerons bien.... Ah! tu te fais prier..... ah! tu fais des difficultés..., crac... voilà la porte en dedans. (*Il la brise.*)

D'ERIGNY.
Miséricorde!... il a cassé la porte... qu'est-ce qu'on dira?.. ma foi ! je vous plante là, moi !..
CHAMPAGNAC.
Si vous bougez, c'est moi qui épouse Marguerite !
MARGUERITE, *sortant de sa chambre.*
Quel est ce bruit?.. cette porte brisée !... monsieur d'Erigny !.. quelqu'un !..
D'ERIGNY.
Oh ! Mademoiselle ! me pardonnerez-vous mon audace?
CHAMPAGNAC.
Attendez un peu, elle aura bien autre chose à vous pardonner, ma foi !
MARGUERITE.
Mais, Monsieur....
CHAMPAGNAC, *à d'Erigny.*
Vous allez enlever Mademoiselle.
MARGUERITE.
M'enlever !.. moi, quitter ma bienfaitrice !..
D'ÉRIGNY.
Ah ! Mademoiselle , croyez bien que je ne permettrai jamais...
CHAMPAGNAC.
Vous allez enlever mademoiselle, vous dis-je.
D'ÉRIGNY.
Un rapt... jamais, par exemple !
CHAMPAGNAC.
Silence! c'est convenu... Un mot encore, et je vous enlève tous les deux !
D'ERIGNY.
Mais...
MARGUERITE.
Monsieur...
CHAMPAGNAC.
Restez là... Je vais devant, en éclaireur... voir si rien ne s'oppose à notre passage... puis nous volons à la poste... nous prenons une chaise, et au triple galop...
D'ERIGNY.
Oui, pour que nous versions, n'est-ce pas? Du tout, du tout ! on peut se casser quelque chose...
CHAMPAGNAC.
Eh ! qu'importe, ça se raccommode... ne bougez pas, restez-là... je reviens. (*Il sort avec vivacité par le fond.*)

SCÈNE XIV.

MARGUERITE, D'ERIGNY, puis LOUISE.

MARGUERITE.
Ah ! Monsieur, qui aurait cru que vous eussiez osé !...
D'ERIGNY.
Je ne l'aurais certes pas cru plus que vous !
MARGUERITE.
Ce qu'il y a de pis, c'est que nous ne pouvons plus reculer maintenant.

D'ERIGNY.
Nous ne pouvons plus?... vous êtes bien sûre?... Eh bien ! alors, venez, je vous enlève !.. il en arrivera ce qu'il pourra !... ((*Il lui offre son bras.*)
LOUISE, *se trouvant devant eux.*
Arrêtez !
MARGUERITE.
Aïe ! ma cousine !
D'ERIGNY.
Nous sommes découverts !
MARGUERITE.
Je tremble.
D'ERIGNY.
Je voudrais être au sein de ma famille.
MARGUERITE.
Ma cousine...
LOUISE.
Pas un mot !
D'ERIGNY.
Croyez bien...
LOUISE.
Silence ! (*A Marguerite.*) Toi, rentre vite dans ta chambre.
MARGUERITE.
Vous êtes toujours fâchée ?
LOUISE.
Je t'aime plus que jamais !
MARGUERITE.
Qu'entends-je ? (*Elle rentre.*)
LOUISE, *a d'Erigny.*
Quant à vous...
D'ERIGNY.
Je comprends.... j'ai bien l'honneur.... (*Il va pour sortir.*)
LOUISE.
Pas par là. (*Lui montrant la porte.*) Dans ma chambre.
D'ERIGNY.
Me permettre...
LOUISE.
Obéissez.... vous serez heureux tous les deux. (*D'Erigny entre dans la chambre de Louise.*)

SCÈNE XV.

LOUISE, CHAMPAGNAC.

CHAMPAGNAC, *entrant vivement par la porte du fond.*)
Venez vite... le chemin est sûr... personne ne nous surprendra... mais ça presse... Eh bien ! où diable sont-ils ?
LOUISE, *allant à lui.*
Malheureux !
CHAMPAGNAC.
Oh ! Louise !
LOUISE.
Vous encore ici ? Vous ne craignez donc pas ?

CHAMPAGNAC.
Quoi?
LOUISE.
S'il vous voit, il vous tuera !
CHAMPAGNAC.
Qui?
LOUISE.
Mon mari!
CHAMPAGNAC.
Mais il est mort !
LOUISE.
Il s'est sauvé.... seul... à la nage...
CHAMPAGNAC.
Quel nageur !
LOUISE.
Et je tremble à chaque instant... (*Elle regarde.*)
CHAMPAGNAC.
Il est donc ici?
LOUISE.
Là, dans cette chambre.
CHAMPAGNAC, *se frottant les mains.*
Ah ! il est revenu !... ah ! il n'est pas mort !
LOUISE.
Fuyez donc, et ne reparaissez jamais.
CHAMPAGNAC.
Comment, jamais !... et c'est vous qui prononcez un pareil mot, Louise !
LOUISE.
Tromper... mon époux...
CHAMPAGNAC.
Vous avez raison..... il vaut mieux que je vous enlève... c'est plus loyal.
LOUISE.
Moi, la femme d'un autre !
CHAMPAGNAC.
Eh ! pardieu ! si vous n'étiez la femme de personne je ne vous enlèverais pas !
LOUISE.
C'est impossible !... Adieu !
CHAMPAGNAC.
Arrêtez !...
LOUISE.
Adieu pour toujours !...

SCENE XVI.

CHAMPAGNAC, *seul.*

Louise ! Louise !... Elle est partie !.. ne plus la revoir... elle !.. une femme aussi ravissante !... Et ce matin, pourtant, je voulais la fuir... Mais j'étais donc fou !.. j'en serais mort plus tard de chagrin... sans savoir pourquoi... Et cet imbécile de mari qui s'avise... Que diable ! on ne fait pas annoncer à sa femme qu'on vient de mourir, et, quelque temps après, on n'arrive pas soi-même lui dire : je te préviens que je me suis trompé, et que je me porte bien !

D'ERIGNY *en dehors, grossissant sa voix.*
Oui, Madame, vous recevez un homme, ici... chez vous... chez moi.

CHAMPAGNAC.
Oh ! oh ! la voix du mari !

D'ERIGNY.
Je viens de voir un chapeau gris.
CHAMPAGNAC.
Le mien ! maudit chapeau !...
D'ERIGNY.
Je vous préviens que si je découvre quelqu'un je le tue !... c'est mon droit.
CHAMPAGNAC.
Comme il y va ! mais j'ai mon droit aussi, moi... celui de me défendre, et nous verrons qui de nous deux... Hum ! hum !... il est chez lui... chez sa femme... et je ne sais pas jusqu'à quel point on peut tuer un mari dans sa maison... sans que le Châtelet ou la Bastille... diable ! diable !
D'ERIGNY.
Qu'il tremble !... je suis armé !
CHAMPAGNAC.
Ah !... il est armé !... eh bien non ! je ne m'en irai pas. (*Il se cache derrière la porte que d'Erigny ouvre*).
D'ERIGNY, *entrant au troisième juron.*
Maugrebleu ! sambleu ! palsambleu !..... personne !... bon, ma grosse voix a fait son effet... il est parti !...
CHAMPAGNAC, *se montrant tout-à-coup.*
Je ne crois pas.
D'ERIGNY, *à part.*
Ah ! diable !... encore lui !...
CHAMPAGNAC, *à part.*
Que vois-je? Le petit officier !... et dans la chambre de Louise !...
D'ERIGNY, *à part.*
D'où diable sort-il ? Moi qui croyais l'avoir fait partir... me voilà bien.
CHAMPAGNAC.
C'est donc vous, Monsieur, qui avez osé...
D'ERIGNY, *à part.*
Vous verrez que c'est lui qui me mettra à la porte.
CHAMPAGNAC.
Ah ! traître !... car je comprends tout maintenant ! tu faisais semblant d'aimer Marguerite pour cacher...
D'ERIGNY.
Mais je n'ai rien caché du tout, je vous jure.
CHAMPAGNAC.
Et tu prenais la voix du mari, espérant...
D'ERIGNY.
Mais ce n'est pas moi ! c'est madame Louise qui a inventé tout cela... le mari comme le reste... car il paraît qu'elle ne veut plus vous épouser.
CHAMPAGNAC.
Elle ?
D'ERIGNY.
Et elle m'accorde la main de mademoiselle Marguerite... si je parviens à vous renvoyer... rendez-moi donc le service... vous qui êtes si obligeant...

SCÈNE XVII.

CHAMPAGNAC.
Misérable!... ah! elle n'a plus de mari!... ah! elle veut me chasser!... mais c'est moi plutôt qui vais...

D'ÉRIGNY, à part.
Là!... qu'est-ce que je disais?...

CHAMPAGNAC.
Et d'abord... vous allez me rendre raison de cette insulte.

D'ÉRIGNY.
Moi! allons, bon! il va falloir que je me batte à présent!

CHAMPAGNAC.
Oui, j'aurai votre vie... ou vous aurez la mienne.

D'ÉRIGNY.
Nous ferions peut-être bien mieux de garder chacun ce qui nous appartient.

CHAMPAGNAC.
Ah ça! est-ce que vous auriez peur?

D'ÉRIGNY.
Peur!...

CHAMPAGNAC.
Est-ce que vous seriez un lâche?

D'ÉRIGNY.
Par exemple?

CHAMPAGNAC.
Alors, vous acceptez?

D'ÉRIGNY.
Certainement, j'accepte! (A part.) Oh! quelle idée!

CHAMPAGNAC.
Ah! vous acceptez?

D'ÉRIGNY.
Oui, Monsieur, marchons!

CHAMPAGNAC, à part.
J'aurais mieux aimé qu'il n'acceptât pas, je l'y aurais forcé.

ENSEMBLE.

Air : marche des Diamants.

Allons, partons sans discourir
Croiser le fer! Dieu, quel plaisir!
On se sent rajeunir
Lorsque l'on doit vaincre ou mourir.

D'ÉRIGNY.

Allons, partons sans discourir,
Ah! ça n'est pas un grand plaisir!
Mais j'y dois consentir,
Marchons, allons vaincre ou mourir!

CHAMPAGNAC.

Ah! l'on veut d'ici me bannir,
Mais j'y saurai bien revenir.

D'ÉRIGNY.

Avec lui feignons de sortir
Afin de le faire partir.

REPRISE DE L'ENSEMBLE.

SCÈNE XVII.

LOUISE, MARGUERITE, puis D'ÉRIGNY.

LOUISE, sortant de sa chambre.
A merveille! il est parti!

MARGUERITE, accourant de l'autre chambre.
Ah! ma cousine!... une querelle affreuse!... M. d'Érigny... M. de Champagnac... ils viennent de sortir ensemble!

LOUISE, riant.
C'est parfait! c'est délicieux!

MARGUERITE.
Comment! vous riez! au lieu de courir les séparer... Mais ils vont se battre, se tuer!

LOUISE.
Calme-toi, M. d'Érigny, par mon ordre, conduit seulement M. de Champagnac jusqu'à la porte de chez moi.

MARGUERITE.
Vous n'aimez donc plus M. de Champagnac?

LOUISE.
Je l'aime plus que jamais!

MARGUERITE.
Et vous croyez qu'il vous pardonnera de le faire chasser.

LOUISE.
Il a été sur le point de me quitter parce que je l'avais reçu avec trop d'empressement.

D'ÉRIGNY, entrant vivement.
Ah! enfin!.. la commission est faite!

LOUISE.
Vous avez eu beaucoup de peine, n'est-ce pas?

D'ÉRIGNY.
Du tout. Comme il était furieux! Arrivé à la porte de la rue, il a passé le premier, sans me faire la politesse. Alors j'ai fermé sur lui vivement, et il s'est trouvé dehors tout naturellement.

LOUISE.
Et il s'est éloigné?

D'ÉRIGNY.
Ah bien, oui! il a essayé d'enfoncer la porte; mais celle-là est solide... Puis comme je lui avais dit... que vous ne pouviez plus le souffrir... que vous n'aviez pas de mari, et que vous n'en aviez jamais eu.. il a fini par prendre son parti.

LOUISE.
Grand Dieu! mais vous serez cause qu'il ne reviendra plus.

D'ÉRIGNY.
Comment! en le faisant mettre à la porte, vous vouliez...

LOUISE.
Eh! Monsieur... c'était pour lui donner envie de revenir.

D'ÉRIGNY.
Oui? il lui faut des obstacles? Il n'est pas comme moi... Ah bien! soyez tranquille; alors

il reviendra ; car j'ai imaginé encore autre chose.

LOUISE.
Eh ! quoi donc, Monsieur.

D'ERIGNY.
D'abord, j'ai ordonné à Saget de fermer toutes les portes, puis... de lâcher le gros chien... (*Ici l'on entend aboyer.*)

LOUISE.
Miséricorde !

D'ERIGNY.
Puis enfin...

LOUISE.
Encore !

D'ERIGNY.
De charger sa carabine et de tirer sur quiconque se présenterait.

LOUISE.
Mais vous êtes donc fou, Monsieur ? tuer Maurice... Marguerite... suis-moi... viens le sauver... ou mourir avec lui !.. (*Ici on entend un coup de feu.*) Tué !.. (*Elle est prête à tomber, d'Erigny la soutient dans ses bras.*)

D'ERIGNY, *à Louise, dont la tête se penche sur son épaule.*
Mais non, mais non : puisque j'ai recommandé à Saget de ne mettre dans son fusil... que du sel... ce n'est que du sel...

MARGUERITE, *qui a été vers la fenêtre, vivement à Louise.*
Il vient, ma cousine, il vient !..

LOUISE, *qui a rouvert les yeux.*
Par où !

MARGUERITE.
Par la fenêtre... mais prenez-garde, ma cousine, s'il lui faut toujours des dangers, des obstacles...

D'ERIGNY.
Demain , il n'y en aura plus.

LOUISE.
Amant, je l'ai retenu par la peur d'un mari ; mari... je le retiendrai... par la peur... d'un amant.

SCENE XIX ET DERNIÈRE.
LES MÊMES, CHAMPAGNAC.

CHAMPAGNAC, *à la fenêtre.*
Louise !..

LOUISE.
Maurice !

CHAMPAGNAC.
Je viens expirer à vos pieds... je suis déchiré, criblé de balles !..

D'ERIGNY, *bas à Louise.*
Ne lui dites pas que ce n'est que du... il serait furieux !

CHAMPAGNAC.
Je sais tout, et je suis revenu... vous ne m'avez jamais aimé... vous avez voulu vous débarrasser de moi. Eh bien !.. je ne sortirai d'ici, que mort... ou votre époux.

LOUISE.
Monsieur !..

CHAMPAGNAC.
Votre main.

LOUISE.
Jamais !

CHAMPAGNAC, *la lui saisissant.*
Toujours !..

LOUISE, *à Marguerite et à d'Erigny.*
Si je lui avais dit la voilà ; il l'aurait refusée.
(*Champagnac tombe aux pieds de Louise et lui baise la main. D'Erigny de son côté l'imite près de Marguerite.*)

ENSEMBLE.
Air : *d'Alzaa.*

Ici-bas le bonheur
Ne s'obtient jamais sans peine.
Les ennuis et la gêne
Viennent doubler sa valeur.

FIN.

LAGNY. — IMPRIMERIE DE GIROUX ET VIALAT.

EN VENTE CHEZ LE MÊME ÉDITEUR

[Page too faded and rotated to transcribe reliably — a two-column list of book titles with prices follows, including titles such as Vicomte de Létorières, Les Fées de Paris, La Jeunesse de Cadet-Roussel, Monsieur de Jamas, Pour mon fils, Lucienne, Les Jolies Filles de Stilberg, L'Enfant de chœur, Le Grand-Plaisir, La Tante mal t'ridée, Les Circonstances, La Chasse aux vautours, Les Malyoublieuses, Une Femme sous les scellés, Les Libres-de-camp, Le Mari à l'eau, Chez un Crispat, Jaxec-club, Mikrorée, Les Deux Garçonnes, Au Croissant d'argent, Le Château de la Roche-Noire, Le Papillotajaune et bleu, Mon illustre ami, Le premier Chapitre, Talpa en songe, L'Optimiste fantasque, La Dragonne, La Sœur de la Reine, L'avent-là, La Poste, Les Informations conjugales, Une Maîtresse anonyme, Le Loup dans la bergerie, L'Hôtel de Rambouillet, Les Deux Magistrates, La Caisse d'Épargne, Thomas le Rageur, Derrière l'Aveyat, La Villa Dudar, Péculier, Une Femme à la Mode, Les Égarements d'une Cabaret, d'un Gynéphile, Les Deux Ames, Babiole, colifichet des dames, L'Amour d'Ayget, Rentrée contre l'Empoisonnement, Don Paguin, Mademoiselle Déjazet au sérail, Les Deux Pierrots, Les Tyrons, Tabourin le Clozel, Rosmune, Entre Ciel et Terre, La Fille du Figaro, ...]

En vente, chez le même Éditeur :

ŒUVRES COMPLÈTES DE M. EUGÈNE SCRIBE

5 vol. grand in-8 à 2 colonnes, édition Furne,
avec 160 jolies gravures en taille-douce, de MM. Alfred et Tony Johannot,
Gavarni, etc. — Prix : 40 fr., net 20 fr.

EN VENTE CHEZ LE MÊME ÉDITEUR.

Vicomte de Letorières.	60	Métier et Quenouille.	50	Un premier souper de Louis XV	50
Les Fées de Paris.	50	Angélique et Médor.	50	L'Homme et la Mode.	60
La jeunesse de Charles-Quint.	60	Loïsa.	60	L'Almanach des 25,000 adresses	60
Monstre de femme.	40	Jocrisse en Famille.	40	Les Murs ont des oreilles.	60
Pour mon fils.	50	L'autre Part du Diable.	40	La Charbonnière.	60
Lucienne.	50	La chasse aux Belles Filles.	60	Le Code des Femmes.	50
Les jolies Filles de Stilberg.	40	La Salle d'Armes.	40	On demande des Professeurs.	50
L'Enfant de chœur.	50	Une Femme compromise.	60	Le Pot aux Roses.	50
Le Grand-Palatin.	60	Patineau.	50	La grande et les petites Bourses.	50
La Tante mal gardée.	40	Madame Roland.	60	L'Enfant de la Maison.	50
Les Circonstances.	60	L'esclave du Camoëns.	50	Riche d'Amour.	60
La Chasse aux vautours.	40	Les Réparations.	50	La Comtesse de Morange.	60
Les Batignollaises.	40	Le mariage du gamin de Paris.	50	La Gloire et le Pot-au-Feu.	50
Une Femme sous les scellés.	50	La Veille du Mariage.	40	Les Pommes de terre malades.	60
Les Aides-de-camp.	50	Paris bloqué.	60	Le Marchand de Marrons.	50
Le Mari à l'essai.	40	Ménage Parisien.	1 »	Mardi gras.	40
Chez un Garçon.	40	La Bonbonnière.	50	Le Mari perdu.	60
Jaket's-Club.	40	Adrien.	50	Les Dieux de l'Olympe.	60
Mérovée.	50	Pierre le millionnaire.	60	Le Carillon de Saint-Mandé.	50
Les deux Couronnes.	60	Carlo et Carlin.	60	Geneviève.	60
Au Croissant d'argent.	50	Le Moyen le plus sûr.	50	Mademoiselle ma femme.	50
Le Château de la Roche-Noire	40	Le Papillon Jaune et Bleu.	40	Mort civilement.	50
Mon illustre Ami.	40	La Polka en province.	50	Mal du pays.	50
Le premier Chapitre.	50	Une Séparation.	40	La Veuve de quinze ans.	50
Talma en congé.	40	Le roi Dagobert.	60	La Garde-Malade.	50
L'Omelette fantastique.	50	Frère Galfâtre.	60	Le Fruit défendu.	40
La Dragonne.	50	Nicaise à Paris.	40	Clarisse Harlowe (Parodie).	60
La Sœur de la Reine.	60	Le Troubadour-Omnibus.	50	Place Ventadour.	60
La Vendetta.	50	Un Mystère.	60	Roch et Luc.	50
Le Poète.	60	Le Billet de faire part.	60	La Protégée sans le savoir.	60
Les Informations conjugales.	60	Fiorina.	60	Une Fille Terrible.	50
Une Maîtresse anonyme.	50	Pulcinella.	60	La Planète à Paris.	50
Le Loup dans la bergerie.	50	La Sainte-Cécile.	60	L'Homme qui se cherche.	50
L'Hôtel de Rambouillet.	60	Follette.	50	Ne touchez pas à la Reine.	1 »
Les Deux Impératrices.	60	Deux Filles à marier.	50	Maître Jean ou la Comédie à la Cour.	60
La Caisse d'Épargne.	60	Monseigneur.	60	Une année à Paris.	60
Thomas le Rageur.	50	A la Belle Étoile.	30	Irène ou le Magnétisme.	60
Derrière l'Alcove.	30	Un Ange tutélaire.	50	Amour et Biberon.	60
La Villa Duflot.	50	Wallace.	60	En Carnaval.	50
Péroline.	50	Un jour de Liberté.	60	Bal et Bastringue.	60
Une Femme à la Mode.	40	Paris à tous les Diables.	60	Un Bouillon d'onze heures.	40
Les Égarements d'une Canne et d'un parapluie.	40	Une Averse.	50	La Cour de Biberack.	50
Les Deux Ânes.	50	Madame de Cérigny.	60	D'Aranda.	60
Foliquet, coiffeur des dames.	40	Le Fiacre et le Parapluie.	40	Partie à trois.	50
L'Anneau d'Argent.	40	La Morale en action.	50	Une femme qui se jette par la fenêtre.	60
Recette contre l'Embonpoint.	50	L'Habeas Corpus.	50		
Don Pasquale.	40	Mimi Pinson.	50	L'Avocat pédicure.	50
Mademoiselle Déjazet au sérail.	40	L'Article 170.	60	Les trois Paysans.	50
Touboulic le Cruel.	40	Les Deux Pierrots.	50	Croquignole.	50
Hermance.	50	Les Viveurs.	80	La Chasse aux Jobards.	50
Canuts.	50	Le Seigneur des Broussailles.	50	Le chevalier de Saint-Remy.	60
Entre Ciel et Terre.	40	L'Amour dans tous les quartiers.	60	Un Vœu de jeunes filles.	50
La Fille de Figaro.	50	La Pêche aux Beaux-Pères.	60	Secours contre l'Incendie.	50

En vente, chez le même Éditeur :

ŒUVRES COMPLÈTES DE M. EUGÈNE SCRIBE,

5 vol. grand in-8 à colonnes, édition Furne,
avec 180 jolies vignettes en taille-douce, de MM. Alfred et Tony Johannot
Gavarni, etc. — Prix : 60 fr. net : 30 fr.

IMPRIMERIE HYDRAULIQUE DE GIROUX ET VIALAT, À LAGNY.